HORIZONTES DA INOVAÇÃO

NAVEGANDO PELOS FUTUROS DESEJÁVEIS

RÔMULO TAGLIASSACHI

*Este livro é dedicado para cada
pessoa que passou na minha
vida, e de certa forma contribuiu
para que eu estivesse aqui!*

TÍTULO: Horizontes da Inovação

SUBTITULO: Navegando pelos Futuros Desejáveis

AUTOR: Rômulo Barbieri Tagliassachi

Primeira Edição – São Paulo – 2024

ISBN: 9798875811463

Caro Leitor,

É com felicidade e entusiasmo que apresento este conteúdo, mas antes quero salientar que aqui você não vai achar receitas prontas (afinal não acreditamos nisso), porém irá encontrar um conteúdo recheado de insights, e será por meio desses insights que você terá as melhores ideias para aplicar na sua realidade, solucionar os seus problemas.

Por meio de uma jornada que se desdobra pelas trilhas fascinantes do pensamento de futuros, onde a inovação é o fio condutor desta narrativa. Tecendo suas nuances através de cada página, desde a compreensão dos fundamentos até a aplicação prática em diversos contextos, e lembrando que esta obra é uma exploração abrangente de como a inovação se torna a força propulsora para o crescimento e o sucesso das empresas e negócios.

Mas a inovação vai além do presente; ela se estende ao futuro. Ao introduzir o pensamento de futuros, buscamos não apenas entender as tendências atuais, mas antecipar as mudanças que moldarão o cenário empresarial amanhã. Este livro é um convite para pensar além do convencional, desafiando as fronteiras do conhecimento e explorando os horizontes desconhecidos que se desdobram diante de nós.

A jornada que empreendemos nestas páginas como já salientei, não é apenas teórica; é uma ponte entre ideias, insights e ações tangíveis. Cada capítulo é uma exploração prática de como as organizações podem transformar conceitos inovadores em estratégias operacionais robustas. Da inovação em produtos à otimização de processos, cada tema é uma peça vital no quebra-cabeça da excelência empresarial. E tudo isso de forma leve, pragmática e fluida.

Este livro não é apenas uma fonte para compartilhar conhecimento, mas um convite para a autorreflexão e ação. Cada palavra é um estímulo para a criatividade, cada tópico é uma faísca para a inovação e impulsionar o seu desenvolvimento. À medida que você navega por estas páginas, convido-o a não apenas absorver o conteúdo, mas também a aplicar os insights na sua jornada empresarial.

Expresso minha gratidão por embarcar nesta jornada comigo. Cada linha escrita foi moldada com a intenção de oferecer um guia prático, uma fonte de inspiração e, acima de tudo, um recurso valioso para aqueles que buscam elevar suas organizações a novos patamares de excelência.

Que este livro seja uma companhia enriquecedora em sua busca pela inovação e pela visão de futuro.

Bora inovar,
Rômulo Tagliassachi

SUMÁRIO

introdução 3

1.A Inovação Impulsiona O Crescimento E O Sucesso Das Empresas 6

Pontos Para Reflexão: 9

1.1 Vantagens Da Inovação Permitindo O Desenvolvimento De Produtos E Serviços Diferenciados 12

1.2 Vantagens Da Inovação Permitindo A Otimização De Processos E Aumento Da Eficiência Operacional 15

2. Inovação Com Os Olhares Para Produtos E Processos 19

2.1 Utilizando A Inovação Para Criar Novos Produtos E/Ou Aprimorar Os Existentes 22

2.1.1 Como Atender As Necessidades Dos Clientes De Forma Inovadora 28

2.2 Melhoria Dos Métodos De Produção E Operação: Inovação De Processos 32

2.3 Redução De Custos, Aumento Da Produtividade E Qualidade Dos Produtos: Inovação De Processos 36

3. Barreiras Da Implementação Da Inovação 41

3.1 Resistência À Mudança E Medo Do Fracasso 45

3.2 Recursos Limitados E Orçamentos Restritos 51

3.2.1 Implementando Inovações Com Orçamentos Restritos 55

3.2.2 Estratégias Para Maximizar Investimentos Em Inovação . 57

3.3 Cultura Organizacional Resistente 59

3.3.1 Identificando Uma Cultura Organizacional Resistente 59

3.3.2 Impactos Na Capacidade De Inovação 61

3.3.3 Transformando Uma Cultura Conservadora Em Uma Cultura Inovadora 62

4. Importância De Se Ter Uma Visão De Futuro - Uma Introdução Ao Estudos De Futuros 67

4.1 Compreendendo A Dinâmica Do Futuro 67

4.1.1 A Importância Estratégica Da Visão De Futuro 68

4.1.2 Introdução Aos Estudos De Futuros 69

4.1.3 A União Entre Estudos De Futuros E Inovação 70

4.1.4 Desafios E Oportunidades Na Integração De Futuros E Inovação 71

4.2 Criando Uma Visão De Futuro - Fundamentos Para A Inovação Estratégica 74

4.2.1 Entendendo Os Elementos Essenciais 74

4.2.2 Desenvolvendo Uma Perspectiva Prospectiva 75

4.2.3 Construindo Uma Narrativa Envolvente 77

4.2.4 Integrando Inovação Na Visão De Futuro 78

4.2.5 Superando Desafios Na Criação Da Visão De Futuro 79

4.3 Antecipação Às Mudanças - A Arte Da Inovação Proativa .. 82

4.3.1 A Necessidade De Antecipação 82

4.3.2 Sinais Fracos E Análise Preditiva 83

4.3.3 Desenvolvendo Uma Cultura De Previsão 84

4.3.4 Estratégias Para Antecipar Mudanças 85

4.3.5 Liderança Na Antecipação 87

4.3.6 Desafios Na Antecipação De Mudanças 88

4.4 Adaptação Às Mudanças - A Jornada Contínua Da Inovação Resiliente 91

4.4.1 A Dinâmica Da Adaptação 91

4.4.2 Construindo Uma Mentalidade Ágil 92

4.4.2.1 Elementos-Chave Da Mentalidade Ágil 92

4.4.3 Resiliência Como Pilar Da Adaptação 93

4.4.3.1 Componentes Essenciais Da Resiliência 93

4.4.4 Transformando Desafios Em Oportunidades.................. 94

4.4.4.1 Ciclo De Inovação Contínua....................................... 94

4.4.5 Estratégias Para Adaptação Sustentável....................... 95

4.4.6 Liderança Na Adaptação... 96

4.4.7 Desafios Na Adaptação 97

5. Conclusão Geral: Navegando A Onda Da Inovação E Antecipando O Futuro... 101

5.1 Recapitulando As Marés Da Inovação 101

5.2 Trilhando O Caminho Da Inovação............................... 102

5.3 Navegando Pelos Mares Da Resistência 103

5.4 Erguendo Velas Para O Futuro 105

5.5 Antecipando O Amanhã, Adaptação Contínua 105

5.6 O Horizonte Infindável Da Inovação 106

INTRODUÇÃO

Pronto(a) para vislumbrar os "Horizontes da Inovação"? Ao longo das páginas que se seguem, exploraremos de forma mais pragmática os caminhos fascinantes e desafiadores da inovação empresarial, mergulhando em temas que abrangem desde a importância da inovação até insights para as estratégias para superar barreiras organizacionais.

Sabemos que a inovação é a força propulsora que impulsiona as empresas em direção ao futuro, capacitando-as a se adaptar, crescer e se destacar em ambientes competitivos. À medida que navegamos por esse universo dinâmico, abordaremos algumas visões fundamentais, como a importância da inovação, as barreiras que as organizações enfrentam e estratégias práticas para fomentar uma cultura inovadora.

Começamos nossa jornada destacando a importância intrínseca da inovação, explorando como ela impulsiona o crescimento e o sucesso das empresas. Ao longo dos capítulos subsequentes, desvendamos as vantagens da inovação em diferentes aspectos, desde o desenvolvimento de produtos até a otimização de processos e a importância da criação de uma cultura organizacional inovadora.

Cada capítulo é uma peça do quebra-cabeça, contribuindo para a compreensão abrangente do papel transformador da inovação. Ao abordar temas como resistência à mudança, medo do fracasso, recursos limitados e culturas organizacionais resistentes, buscamos não apenas identificar desafios, mas também fornecer estratégias práticas para superá-los.

À medida que avançamos, conectamos cada tópico ao pensamento de futuros, delineando uma visão clara de como a inovação não é apenas uma necessidade do presente, mas um investimento vital para criar organizações resilientes e orientadas para o futuro.

Prepare-se para uma jornada de descobertas, insights e inspirações. Este conteúdo é um convite para explorar os horizontes ilimitados da inovação, desafiando as normas, quebrando barreiras e preparando sua organização para prosperar em um mundo em constante evolução. E agora vamos começar a explorar os caminhos fascinantes que a inovação nos reserva.

1 DEVEMOS INOVAR SEMPRE

1. A INOVAÇÃO IMPULSIONA O CRESCIMENTO E O SUCESSO DAS EMPRESAS

No cenário empresarial dinâmico e competitivo de hoje, a inovação não é apenas uma opção, mas uma necessidade imperativa para o crescimento e o sucesso sustentável das empresas. Ao explorarmos os anais das organizações que se destacam, torna-se evidente que a capacidade de inovar é um diferencial crucial que impulsiona não apenas a evolução, mas a revolução nos negócios.

As empresas que abraçam a inovação têm a habilidade de se adaptar rapidamente às mudanças no mercado, antecipar as necessidades dos clientes e criar soluções que vão além das expectativas. Elas não veem a inovação como um evento isolado, mas sim como um processo contínuo incorporado à sua cultura organizacional.

A inovação, muitas vezes, é o catalisador que transforma desafios em oportunidades. À medida que as empresas enfrentam obstáculos e mudanças constantes, aquelas que investem em pesquisa e desenvolvimento, adotam novas tecnologias e fomentam a criatividade entre seus colaboradores conseguem não apenas sobreviver, mas prosperar.

Ao longo deste dos capítulos, exploraremos casos de empresas que elevaram seus padrões por meio da inovação, examinando como estratégias visionárias e mentalidade voltada para o futuro as catapultaram para novos patamares de sucesso. Vamos desvendar os elementos-chave que tornam a inovação um fator determinante para o crescimento empresarial.

Prepare-se para uma jornada que revelará como a inovação não é apenas uma ferramenta, mas sim um motor poderoso que impulsiona o progresso e define o destino das empresas em um mundo em constante transformação.

No cenário empresarial dinâmico e competitivo de hoje, a inovação não é apenas uma opção, mas uma necessidade imperativa para o crescimento e o sucesso sustentável das empresas. Ao explorarmos os anais das organizações que se destacam, torna-se evidente que a capacidade de inovar é um diferencial crucial que impulsiona não apenas a evolução, mas a revolução nos negócios.

As empresas que abraçam a inovação têm a habilidade de se adaptar rapidamente às mudanças no mercado, antecipar as necessidades dos clientes e criar soluções que vão além das expectativas. Elas não veem a inovação como um evento isolado, mas sim como um processo contínuo incorporado à sua cultura organizacional.

"Elas não veem a inovação como um evento isolado, mas sim como um processo contínuo incorporado à sua cultura organizacional."

PONTOS PARA REFLEXÃO:

• Inovação como Estratégia Competitiva

A inovação não é apenas sobre a criação de novos produtos ou serviços, mas também sobre a melhoria constante dos processos internos. Empresas visionárias entendem que a inovação é uma estratégia competitiva, capacitando-as a superar concorrentes e alcançar novos mercados. A Apple, por exemplo, é um paradigma de como a inovação constante pode transformar uma empresa. Desde o lançamento do revolucionário iPhone até a criação de ecossistemas integrados, a Apple redefine constantemente o significado de inovação no mundo tecnológico.

• Transformando Desafios em Oportunidades

A inovação, muitas vezes, é o catalisador que transforma desafios em oportunidades. Empresas que enfrentam dificuldades podem se reinventar através da introdução de novos modelos de negócios, parcerias estratégicas e adoção de tecnologias emergentes. A crise financeira de 2008 proporcionou o cenário para empresas como o Airbnb, que transformaram a adversidade em inovação, criando um novo paradigma na indústria de hospedagem.

- **Cultura de Inovação**

A verdadeira inovação vai além de investimentos em pesquisa e desenvolvimento; ela é enraizada na cultura organizacional. Empresas bem-sucedidas cultivam uma cultura que incentiva a criatividade, a experimentação e a aceitação de falhas como parte do processo. O Google é um exemplo notável, onde a política de "tempo livre" permitiu que funcionários dedicassem uma parte de seu tempo ao desenvolvimento de projetos pessoais, resultando em inovações como o Gmail e o Google Maps.

- **O Papel da Tecnologia na Inovação**

A tecnologia desempenha um papel central na capacidade de uma empresa inovar. À medida que a inteligência artificial, a internet das coisas e a computação em nuvem se tornam parte integrante dos negócios, as empresas que adotam essas tecnologias têm uma vantagem significativa. A Tesla, por exemplo, não apenas inova popularizando o conceito em veículos elétricos, mas também na integração de software e hardware, estabelecendo um novo padrão na indústria automotiva.

- **Inovação como Jornada, Não Destino**

Exploramos casos de empresas que elevaram seus padrões por meio da inovação, examinando como estratégias visionárias e mentalidade voltada para o futuro as catapultaram para novos patamares de sucesso. Vimos como a inovação é um processo contínuo, uma jornada que requer comprometimento a longo prazo.

Prepare-se para uma jornada que revelará como a inovação não é apenas uma ferramenta, mas sim um motor poderoso que impulsiona o progresso e define o destino das empresas em um mundo em constante transformação.

A capacidade de inovar não apenas assegura a relevância no presente, mas também prepara o terreno para um futuro promissor e cheio de possibilidades.

1.1 VANTAGENS DA INOVAÇÃO PERMITINDO O DESENVOLVIMENTO DE PRODUTOS E SERVIÇOS DIFERENCIADOS

À medida que exploramos as complexidades da inovação no cenário empresarial, é fundamental compreender as vantagens intrínsecas que ela oferece, principalmente no contexto do desenvolvimento de produtos e serviços diferenciados. A inovação não é apenas uma estratégia abstrata; ela se traduz diretamente em produtos e serviços que capturam a atenção do mercado e estabelecem um diferencial competitivo substancial.

- **Criando Valor Através da Diferenciação**

Uma das vantagens mais evidentes da inovação é a capacidade de criar produtos e serviços que se destacam em um mercado saturado. Empresas que investem em pesquisa e desenvolvimento conseguem oferecer algo único, algo que vai além das expectativas dos clientes. A Tesla, ao introduzir carros elétricos com autonomia excepcional e recursos de direção autônoma, não apenas revolucionou a indústria automotiva, mas também redefiniu as expectativas dos consumidores.

- **Resposta Ágil às Demandas do Mercado**

A inovação permite uma resposta ágil às mudanças nas demandas do mercado. Empresas que adotam uma abordagem inovadora estão sintonizadas com as necessidades dos clientes, adaptando-se rapidamente para atender a novas tendências e expectativas. O lançamento constante de novos modelos de smartphones pela Apple, por exemplo, reflete essa capacidade de antecipar e responder às preferências em constante evolução dos consumidores.

- **Personalização e Experiência do Cliente**

A inovação possibilita a personalização de produtos e serviços, criando experiências únicas para os clientes. À medida que as empresas integram tecnologias como análise de dados e inteligência artificial, conseguem entender melhor as preferências individuais dos consumidores. A Amazon, com seu algoritmo de recomendação, exemplifica como a inovação pode não apenas atender às necessidades, mas também antecipar e superar as expectativas dos clientes.

- **Eficiência Operacional e Sustentabilidade**

Além do desenvolvimento de produtos diferenciados, a inovação também se estende à eficiência operacional e sustentabilidade. Novas práticas e tecnologias inovadoras permitem que as empresas otimizem processos, reduzam custos e minimizem impactos ambientais. Empresas como a Google investem em energias renováveis para alimentar seus data centers, demonstrando como a

CONECTANDO OS PONTOS

Torna-se claro que a inovação não é apenas uma busca por novidades, mas um meio pelo qual as empresas não apenas crescem, mas se destacam. O impulso inovador discutido anteriormente não é apenas uma filosofia abstrata, mas um investimento tangível que se manifesta em produtos e serviços diferenciados.

A inovação, como motor de crescimento, não apenas impulsiona as empresas para a frente, mas também as eleva a um patamar onde a diferenciação se torna uma marca registrada. Empresas que compreendem e abraçam as vantagens da inovação não apenas sobrevivem; elas prosperam em um mundo empresarial em constante transformação.

inovação pode ser um catalisador para práticas empresariais mais sustentáveis.

1.2 VANTAGENS DA INOVAÇÃO PERMITINDO A OTIMIZAÇÃO DE PROCESSOS E AUMENTO DA EFICIÊNCIA OPERACIONAL

Dentro do tecido empresarial, a inovação não apenas se manifesta na criação de produtos e serviços diferenciados, mas também desempenha um papel fundamental na otimização de processos e no aumento da eficiência operacional. As empresas que reconhecem e incorporam a inovação em suas operações diárias conseguem não apenas permanecer competitivas, mas também prosperar em um ambiente dinâmico.

- **Utilize a Inovação como Catalisador da Eficiência**

A busca incessante pela eficiência operacional é uma marca distintiva das empresas inovadoras. A automação de processos, a implementação de tecnologias avançadas e a análise de dados são alguns dos meios pelos quais as empresas inovadoras otimizam suas operações. A Amazon, por exemplo, revolucionou a eficiência em logística ao introduzir robôs em seus centros de distribuição, acelerando significativamente o processo de embalagem e envio.

- ## **Para Redução de Custos e Aumento da Produtividade**

A inovação não apenas aprimora a eficiência, mas também contribui para a redução de custos e o aumento da produtividade. Empresas que investem em tecnologias inovadoras conseguem fazer mais com menos, resultando em operações mais enxutas e lucrativas. A Tesla, ao utilizar a fabricação avançada de veículos elétricos, alcançou eficiências que desafiaram as convenções da indústria automotiva tradicional.

- ## **Na Agilidade e Flexibilidade Empresarial**

A incorporação da inovação nos processos operacionais confere às empresas uma agilidade e flexibilidade significativas. A capacidade de se adaptar rapidamente às mudanças no ambiente de negócios é uma vantagem competitiva crucial. Empresas como a Netflix, ao adotar um modelo de streaming inovador, conseguiram se ajustar às mudanças nos hábitos de consumo de mídia, superando concorrentes tradicionais.

- ## **Sustentabilidade e Responsabilidade Social**

Além da eficiência operacional, a inovação também desempenha um papel vital na promoção da sustentabilidade e responsabilidade social. Práticas inovadoras, como a implementação de energia renovável e processos de produção mais sustentáveis, não apenas reduzem o impacto ambiental, mas também atendem às crescentes expectativas dos consumidores por empresas socialmente responsáveis.

CONECTANDO OS PONTOS:

Ao integrar essas vantagens da inovação, relacionadas à eficiência operacional, com os capítulos anteriores sobre o impulso de crescimento e o desenvolvimento de produtos diferenciados, percebemos que a inovação é uma força unificadora. Ela não se limita a um aspecto específico dos negócios, mas permeia todos os elementos, impulsionando a empresa em direção a um futuro mais promissor.

A inovação como agente de eficiência operacional não apenas aprimora a capacidade de uma empresa competir no presente, mas também a prepara para desafios futuros. No próximo capítulo, exploraremos como o pensamento de futuros se integra à inovação, criando um panorama holístico que redefine o caminho para o sucesso empresarial.

2 INOVAÇÃO DE FORMA TRANSVERSAL

2. INOVAÇÃO COM OS OLHARES PARA PRODUTOS E PROCESSOS

Na jornada pela inovação nas empresas, é fundamental compreender os diferentes tipos de inovação que impulsionam o progresso. Dois aspectos essenciais são a inovação em produtos e a inovação em processos, cada um desempenhando um papel distinto na transformação das empresas e na busca pela excelência.

- **Inovação em Produtos: Criando Diferenciação no Mercado**

A inovação em produtos é talvez a forma mais reconhecida de inovação. Envolve a criação de novos produtos ou a melhoria significativa dos existentes, proporcionando diferenciação no mercado. Empresas que investem nesse tipo de inovação buscam não apenas atender às necessidades dos clientes, mas superar suas expectativas.

A Apple, ao lançar produtos icônicos como o iPhone, exemplifica a inovação em produtos. Ao introduzir características revolucionárias e design inovador, a empresa não apenas conquista consumidores, mas estabelece padrões para a indústria.

- **Inovação em Processos: Otimizando a Eficiência Operacional**

Enquanto a inovação em produtos se concentra no que uma empresa oferece ao mercado, a inovação em processos está centrada em como as operações internas são conduzidas. Isso inclui a implementação de tecnologias avançadas, automação de tarefas e a reconfiguração de processos para melhorar a eficiência operacional.

Empresas como a Toyota são renomadas por sua inovação em processos na indústria automotiva. Ao introduzir o Sistema Toyota de Produção, revolucionaram a fabricação, focando na eliminação de desperdícios e na eficiência da produção em larga escala.

CONECTANDO OS PONTOS

Ao conectarmos os tipos de inovação aos capítulos anteriores sobre crescimento, desenvolvimento de produtos diferenciados e eficiência operacional, torna-se evidente que a inovação é uma força multifacetada. A busca por produtos inovadores se alinha ao impulso de crescimento, enquanto a inovação em processos contribui para a otimização operacional.

A capacidade de inovar em produtos e processos não apenas posiciona uma empresa como líder em seu setor, mas também cria um ciclo virtuoso. Produtos inovadores podem impulsionar a eficiência operacional, enquanto processos eficientes liberam recursos para a pesquisa e desenvolvimento de novos produtos.

Em resumo, a inovação em produtos e processos forma uma sinfonia harmoniosa que impulsiona as empresas em direção ao sucesso duradouro. A capacidade de criar produtos diferenciados e otimizar processos internos não apenas atende às demandas presentes, mas também prepara o terreno para enfrentar os desafios futuros.

2.1 UTILIZANDO A INOVAÇÃO PARA CRIAR NOVOS PRODUTOS E/OU APRIMORAR OS EXISTENTES

Ao abrirmos as cortinas para este contexto, somos imediatamente transportados para o palco vibrante da inovação. Aqui, as ideias são os atores principais, os insights são os roteiros, e a criatividade é a diretora que conduz a narrativa. É um espetáculo onde a ousadia é aplaudida, a originalidade é reverenciada, e a capacidade de se destacar na multidão é celebrada.

Neste cenário, a inovação não é apenas uma peça coadjuvante; é a estrela que ilumina o caminho para a diferenciação. Assim como bailarinos habilidosos que deslizam pelo palco, as organizações inovadoras movem-se com graciosidade, criando produtos e serviços que transcendem as expectativas, deixando uma marca indelével na mente dos consumidores.

E na jornada incessante pela excelência empresarial, a capacidade de utilizar a inovação para criar novos produtos ou aprimorar os existentes emerge como uma competência vital. Os insights deste capítulo exploram como as empresas podem canalizar a inovação de maneira estratégica para impulsionar o desenvolvimento de produtos, mantendo-se na vanguarda da concorrência.

- **Identificando Oportunidades de Inovação em Produtos**

A inovação em produtos não começa apenas nos laboratórios de pesquisa, mas na capacidade de identificar oportunidades. Compreender as necessidades não atendidas dos clientes, analisar as tendências do mercado e antecipar as demandas futuras são os primeiros passos cruciais. Empresas como a Google são mestras nesse aspecto, lançando produtos como o Google Home em resposta à crescente demanda por assistentes de voz inteligentes.

"*Lembre-se sempre que as melhores ideias são coletivas, trazendo insights plurais, conteúdos e referencias distintas com conexões antes tidas como improváveis.*"

- ## Pesquisa e Desenvolvimento: A Alma da Inovação

A pesquisa e desenvolvimento (P&D) desempenham um papel central na transformação de ideias inovadoras em produtos tangíveis. Empresas que investem significativamente em P&D têm a capacidade de criar novos paradigmas em seus setores. A farmacêutica Pfizer, por exemplo, inovou com o desenvolvimento de vacinas revolucionárias, como a vacina contra a COVID-19, demonstrando como a pesquisa pode ser um motor de inovação transformacional.

- ## Aprimorando Produtos Existentes: Inovação Contínua

A inovação não se limita à criação de produtos totalmente novos; ela também se estende ao aprimoramento constante dos existentes. Empresas que entendem a importância da evolução contínua podem manter produtos relevantes por longos períodos. A Apple, através de atualizações regulares de seus dispositivos e sistema operacional, exemplifica a abordagem de aprimoramento contínuo para atender às expectativas em constante mudança dos consumidores.

- ## Estratégias de Inovação Aberta

Além da pesquisa interna, a inovação aberta tem se tornado uma estratégia eficaz. Colaborações com startups, parcerias estratégicas e aquisições podem proporcionar acesso a ideias inovadoras e tecnologias emergentes. Empresas como a Microsoft adotam essa abordagem, colaborando com startups para integrar novas funcionalidades e tecnologias em seus produtos existentes.

- **A Forja da Criatividade Organizacional**

A criatividade não é um dom exclusivo dos artistas solitários; é uma chama que pode ser alimentada em todo o organismo de uma organização. A criatividade bem utilizada na prática, transformam organizações em forjas de criatividade, onde cada membro é um artista contribuindo para a expressão coletiva da inovação.

Exploraremos como a liderança inspiradora, a promoção de uma cultura que celebra a criatividade e a criação de espaços para colaboração são os ingredientes essenciais na forja da criatividade organizacional. Quando todos são encorajados a contribuir com suas ideias únicas, a sinfonia da inovação ressoa mais alto e mais claro.

Lembre-se sempre que as melhores ideias são coletivas, trazendo insights plurais, conteúdos e referencias distintas com conexões antes tidas como improváveis.

CONECTANDO OS PONTOS

Ao conectarmos a utilização da inovação para criar novos produtos ou aprimorar os existentes aos capítulos anteriores, percebemos que isso não é apenas uma resposta às demandas do mercado, mas também um componente crítico na busca por crescimento, eficiência operacional e diferenciação.

A inovação em produtos não é uma estratégia isolada, mas um elo valioso em uma corrente que impulsiona empresas para o futuro. No próximo capítulo, exploraremos como a inovação em processos se entrelaça com o pensamento de futuros, criando um panorama abrangente que redefine o caminho para o sucesso empresarial.

2.1.1 COMO ATENDER AS NECESSIDADES DOS CLIENTES DE FORMA INOVADORA

No cerne da inovação empresarial está a capacidade de compreender e atender às necessidades dos clientes de maneira excepcional. Este trecho explora alguns insights e estratégias de inovação para satisfazer as demandas dos consumidores, conectando diretamente com a criação de novos produtos ou o aprimoramento dos existentes discutido anteriormente.

Na narrativa da diferenciação, a experiência do cliente é o enredo que conecta cada ponto da jornada. A inovação entra em cena para criar uma experiência memorável, repleta de momentos que transcendem o funcional para o emocional. Cada interação do cliente torna-se um ato no espetáculo da diferenciação, e a inovação é a diretora que molda cada cena.

Ao explorar como a inovação molda a experiência do cliente, mergulhamos nas águas profundas da empatia. Compreendemos que a verdadeira diferenciação não está apenas na oferta de produtos e serviços, mas na capacidade de se conectar emocionalmente com os clientes. A inovação aqui não é apenas uma estratégia; é uma expressão genuína de compreensão e cuidado.

- **Empatia como Pilar da Inovação**

Atender às necessidades dos clientes começa com a empatia, a habilidade de se colocar no lugar do consumidor. Compreender suas dores, desejos e expectativas é crucial para desenvolver soluções inovadoras. Empresas como a Airbnb exemplificam essa abordagem, projetando experiências de hospedagem que vão além das simples acomodações, proporcionando um toque pessoal e autêntico.

- **Co-criação com os Clientes**

A inovação não precisa ser um esforço isolado da empresa. Envolvendo os clientes no processo de co-criação, as empresas podem desenvolver produtos mais alinhados com suas necessidades. A Lego, por exemplo, aproveita a criatividade de seus clientes, incentivando-os a sugerir e votar em novos conjuntos, criando assim uma comunidade engajada e contributiva.

- **Análise de Dados e Personalização**

A revolução digital proporcionou uma abundância de dados que as empresas podem utilizar para entender melhor os clientes. A análise de dados possibilita a personalização de produtos e serviços, antecipando as preferências individuais. Empresas como a Amazon utilizam algoritmos avançados para recomendar produtos com base no histórico de compras e comportamentos de navegação, criando uma experiência altamente personalizada.

- **Ciclo Contínuo de Feedback**

A inovação para atender às necessidades dos clientes não é um evento único, mas um ciclo contínuo. Estabelecer canais eficazes de feedback e estar disposto a ajustar produtos com base nessas informações é crucial. A gigante de tecnologia Google implementa atualizações constantes em seus produtos, muitas vezes impulsionadas por feedbacks diretos dos usuários.

CONECTANDO OS PONTOS

Ao conectar estratégias inovadoras para atender às necessidades dos clientes com o capítulo sobre a criação de novos produtos ou aprimoramento dos existentes, fica evidente que a inovação não é apenas sobre a oferta, mas sobre a experiência completa do cliente. A criação de produtos inovadores está intrinsecamente ligada à capacidade de entender e antecipar as necessidades dos consumidores.

Em síntese, a inovação para atender às necessidades dos clientes é o diferencial que eleva as empresas. Combinar empatia, co-criação, análise de dados e um ciclo contínuo de feedback cria uma sinergia que não apenas atende, mas supera as expectativas dos clientes.

No próximo capítulo, exploraremos como a inovação em processos se conecta a esse esforço contínuo de atender às necessidades dos clientes, proporcionando uma visão abrangente que redefine o caminho para o sucesso empresarial.

2.2 MELHORIA DOS MÉTODOS DE PRODUÇÃO E OPERAÇÃO: INOVAÇÃO DE PROCESSOS

Na busca pela excelência operacional, a inovação de processos emerge como uma estratégia-chave para melhorar a eficiência, reduzir custos e garantir a sustentabilidade a longo prazo. Imaginando e projetando como as empresas podem inovar em seus métodos de produção e operação, destacando a importância de uma abordagem progressiva para o aprimoramento contínuo.

Neste capítulo, somos convidados a entrar em um mundo onde cada elemento da operação é uma peça de um quebra-cabeça complexo. Aqui, não se trata apenas de fazer as coisas funcionarem; trata-se de experimentar novas formas de operar, onde as organizações criam o futuro com visão e inovação.

A inovação de processos é a força motriz que conduz a história. Cada mudança, cada aperfeiçoamento é um passo que melhora não só a produção, mas a cultura organizacional como um todo. A eficiência não é só um resultado; é uma arte de como as organizações podem melhorar seus processos de produção e operação.

- **Automação e Tecnologias Avançadas**

A introdução de automação e tecnologias avançadas é um componente fundamental da inovação de processos. Empresas que implementam sistemas automatizados em suas linhas de produção conseguem não apenas aumentar a eficiência, mas também reduzir erros e garantir uma produção consistente. A Tesla, por exemplo, utiliza robôs avançados em suas fábricas para fabricar carros elétricos de maneira eficiente e precisa.

- **Otimização da Cadeia de Suprimentos**

A inovação de processos estende-se à otimização da cadeia de suprimentos, tornando-a mais ágil e responsiva. Empresas que adotam tecnologias como rastreamento em tempo real e análise preditiva conseguem antecipar demandas, reduzir estoques desnecessários e aprimorar a eficiência logística. A Amazon, por meio de sua sofisticada gestão de cadeia de suprimentos, realiza entregas rápidas e eficientes em uma escala global.

- **Sustentabilidade e Eficiência Energética**

A inovação de processos também abrange a busca por práticas mais sustentáveis e eficientes em termos de energia. Empresas conscientes da importância da responsabilidade ambiental investem em métodos de produção que minimizam o desperdício e reduzem o impacto ambiental. A Unilever, com seu programa de sustentabilidade, é um exemplo de como a inovação de processos pode contribuir para a preservação ambiental.

- **Capacitação da Força de Trabalho**

A inovação de processos não é apenas sobre a implementação de tecnologias, mas também sobre o desenvolvimento da força de trabalho. Capacitar os funcionários com treinamentos e ferramentas adequadas é crucial para garantir que a inovação seja adotada de forma eficaz.

Empresas como a Toyota priorizam o treinamento contínuo de seus funcionários, garantindo que eles estejam alinhados com os métodos de produção inovadores. Portando adotam o aprendizado contínuo como uma estratégia é fundamental. Desde a análise de dados operacionais até o feedback dos colaboradores, cada fonte de aprendizado é uma oportunidade de ajuste e evolução.

CONECTANDO OS PONTOS

Ao conectar a melhoria dos métodos de produção e operação com os capítulos anteriores sobre a inovação em produtos, aprimoramento contínuo e atendimento às necessidades dos clientes, fica evidente que a inovação não é um esforço isolado, mas um tecido integrado que permeia todos os aspectos da empresa.

Em síntese, a inovação de processos é o caminho para a eficiência sustentável. Ao adotar tecnologias avançadas, otimizar cadeias de suprimentos, priorizar práticas sustentáveis e capacitar a força de trabalho, as empresas não apenas melhoram suas operações internas, mas também se posicionam para enfrentar os desafios futuros.

2.3 REDUÇÃO DE CUSTOS, AUMENTO DA PRODUTIVIDADE E QUALIDADE DOS PRODUTOS: INOVAÇÃO DE PROCESSOS

A busca pela excelência operacional muitas vezes se traduz na tríade essencial de redução de custos, aumento da produtividade e melhoria da qualidade dos produtos. Neste contexto, exploraremos alguns pontos de como a inovação de processos desempenha um papel crucial nesse equilíbrio delicado, permitindo que as empresas alcancem eficiência sustentável e mantenham um padrão elevado de qualidade, sedo assim, segue mais alguns insights:

- **Redução de Custos Através da Eficiência Operacional**

A inovação de processos é um instrumento poderoso para a redução de custos, permitindo que as empresas otimizem suas operações e eliminem desperdícios. A Toyota, pioneira no Sistema Toyota de Produção, introduziu práticas como o Just-In-Time, reduzindo estoques e minimizando custos associados ao armazenamento. Essa abordagem não apenas reduziu os custos operacionais, mas também melhorou a eficiência global.

A implementação de tecnologias avançadas, como sistemas de automação e inteligência artificial, contribui para uma maior eficiência nas operações, reduzindo a necessidade de intervenção humana em tarefas repetitivas e propensas a erros. Empresas que adotam essas inovações frequentemente experimentam uma significativa redução nos custos operacionais, direcionando recursos para áreas mais estratégicas.

- **Aumento da Produtividade Através da Otimização de Processos**

A inovação de processos é um catalisador para o aumento da produtividade, permitindo que as empresas façam mais com menos. A automação de tarefas rotineiras libera a capacidade da força de trabalho para se concentrar em atividades mais complexas e estratégicas. Empresas como a Amazon implementam robôs em seus centros de distribuição para realizar tarefas de picking e packing, aumentando drasticamente a eficiência e a produtividade.

O emprego de tecnologias como análise de dados e inteligência artificial também contribui para uma tomada de decisões mais informada, permitindo a identificação de gargalos e a otimização de fluxos de trabalho. O resultado é uma produção mais ágil e eficiente, impulsionando a produtividade e contribuindo para uma resposta rápida às demandas do mercado.

- **Melhoria da Qualidade dos Produtos Através da Inovação**

A inovação de processos não se limita apenas à eficiência e produtividade; ela também é um fator determinante na melhoria da qualidade dos produtos. A implementação de processos mais precisos e controlados resulta em produtos mais consistentes e livres de defeitos. Empresas como a Samsung, ao incorporar metodologias Seis Sigma em seus processos de fabricação, conseguem atingir padrões de qualidade excepcionais.

A rastreabilidade proporcionada por tecnologias avançadas permite que as empresas identifiquem e corrijam rapidamente qualquer desvio nos padrões de qualidade, garantindo que apenas produtos de alta qualidade cheguem aos clientes. A inovação de processos, quando aplicada de maneira estratégica, eleva não apenas a eficiência, mas também a reputação da empresa por meio da entrega consistente de produtos de qualidade superior.

CONECTANDO OS PONTOS

Ao conectar a redução de custos, aumento da produtividade e melhoria da qualidade dos produtos através da inovação de processos com os capítulos anteriores, percebemos que a busca pela excelência operacional é intrinsecamente ligada à capacidade de inovar de maneira contínua. A eficiência operacional não é um objetivo isolado, mas parte integrante de uma estratégia mais ampla que envolve a inovação em todos os aspectos do negócio.

Em síntese, a tríade de redução de custos, aumento da produtividade e melhoria da qualidade dos produtos é alcançada por meio da inovação de processos. As empresas que compreendem a interconexão desses elementos e investem de maneira estratégica na inovação estão posicionadas para prosperar em um ambiente de negócios dinâmico e desafiador.

3 | CHEGOU A HORA DE INOVAR

3. BARREIRAS DA IMPLEMENTAÇÃO DA INOVAÇÃO

A jornada da inovação, embora repleta de promessas e potencial transformador, muitas vezes se depara com obstáculos e desafios significativos. Neste capítulo, exploraremos as barreiras que as empresas enfrentam ao implementar processos inovadores. Compreender essas barreiras é crucial, pois permite que as organizações adotem estratégias mais informadas para superar os desafios e garantir que a inovação não seja apenas uma visão, mas uma realidade operacional.

E quando buscamos transformar ideias inovadoras em realidade operacional, temos que nos preparar para navegar pelos mares agitados da resistência à mudança, dos recursos limitados e da cultura organizacional resistente, enquanto desbravamos as barreiras que se interpõem entre a concepção visionária e a execução bem-sucedida. Seja bem-vindo à exploração das fronteiras da implementação da inovação, onde cada desafio é uma oportunidade de aprendizado e crescimento.

- **A Complexidade Inerente à Mudança**

A implementação da inovação muitas vezes esbarra na complexidade inerente à mudança. Mudar processos estabelecidos e introduzir novas práticas exige uma reestruturação significativa, o que pode ser assustador para muitas organizações. A resistência à mudança, seja por parte dos líderes ou da equipe, é uma barreira comum que impede a adoção de inovações disruptivas.

A complexidade também se manifesta na integração de novas tecnologias e sistemas. A transição para ambientes digitais, por exemplo, pode exigir uma curva de aprendizado substancial, tornando a implementação desafiadora. Superar essa barreira requer uma abordagem holística, envolvendo treinamento eficaz, comunicação transparente e estratégias para gerenciar a resistência à mudança.

- **Cultura Organizacional Resistente**

A cultura organizacional desempenha um papel crítico na aceitação e adoção da inovação. Organizações com culturas avessas ao risco, que valorizam a estabilidade sobre a experimentação, muitas vezes enfrentam dificuldades em abraçar mudanças inovadoras. A resistência cultural pode vir de todas as camadas da organização, desde a liderança até os níveis operacionais.

Para superar essa barreira, é necessário uma transformação cultural. Isso envolve liderança comprometida em promover a inovação, reconhecendo e recompensando ideias criativas, e promovendo um ambiente que encoraje a experimentação e o aprendizado contínuo. A mudança cultural é um processo gradual, mas é um elemento crucial para que a inovação se enraíze de maneira eficaz na organização.

- ## **Recursos Limitados e Orçamentos Restritos**

Outra barreira significativa na implementação da inovação é a restrição de recursos, especialmente em organizações com orçamentos limitados. Investir em pesquisa e desenvolvimento, adoção de novas tecnologias e treinamento da equipe exigem recursos financeiros substanciais. Muitas empresas, especialmente aquelas em setores altamente competitivos, podem hesitar em alocar esses recursos, temendo um retorno incerto sobre o investimento.

Para superar essa barreira, as empresas precisam adotar uma abordagem estratégica e priorizar investimentos em inovação que ofereçam os maiores benefícios a longo prazo. Estratégias de parcerias, colaborações e o aproveitamento de programas de financiamento governamentais podem ser recursos valiosos para empresas com orçamentos mais restritos.

- ## **Resistência à Mudança e Medo do Fracasso**

A resistência à mudança e o medo do fracasso são barreiras emocionais significativas que podem impedir a implementação bem-sucedida da inovação. Os membros da equipe podem se sentir desconfortáveis com a incerteza que acompanha a mudança e receosos quanto ao impacto em suas funções cotidianas. O medo do fracasso pode paralisar a criatividade e a iniciativa, levando a uma estagnação dentro da organização.

Para superar essas barreiras emocionais, é crucial criar uma cultura que valorize a aprendizagem através da experimentação e veja o fracasso como um trampolim para o sucesso. Líderes podem desempenhar um papel fundamental ao comunicar a importância da inovação, fornecer suporte psicológico e incentivar uma mentalidade de crescimento.

CONECTANDO OS PONTOS

Enfrentar as barreiras da implementação da inovação é um desafio necessário para desbloquear seu potencial transformador.

Ao compreender e abordar questões como a complexidade da mudança, resistência cultural, recursos limitados e medo do fracasso, as empresas podem criar um ambiente propício à inovação sustentável, e assim obter ganhos antes impensáveis ou não imaginados.

3.1 RESISTÊNCIA À MUDANÇA E MEDO DO FRACASSO

algumas pessoas podem resistir às mudanças e novas ideias

A inovação, embora seja um catalisador poderoso para o progresso, muitas vezes encontra resistência arraigada na forma de medo do desconhecido e uma aversão natural à mudança. Este capítulo se aprofunda na complexidade da resistência à mudança e do medo do fracasso, explorando como essas barreiras emocionais podem impactar a implementação bem-sucedida da inovação nas organizações.

- **O Fenômeno da Resistência à Mudança**

A resistência à mudança é uma reação humana natural, enraizada na necessidade de segurança e estabilidade. Quando as pessoas são confrontadas com a perspectiva de alterações significativas em suas tarefas, rotinas ou ambientes de trabalho, é comum que surjam sentimentos de desconforto e ansiedade. Isso pode ser exacerbado quando a mudança é percebida como imposta de cima para baixo, sem uma participação significativa dos membros da equipe no processo decisório.

- **Fatores que Contribuem para a Resistência**

Vários fatores contribuem para a resistência à mudança. A falta de compreensão sobre os motivos para a mudança, a incerteza em relação ao futuro, a perda de controle percebida e a insegurança sobre as habilidades necessárias para se adaptar são elementos-chave. Além disso, experiências passadas de mudanças mal gerenciadas podem criar uma predisposição negativa em relação a novas iniciativas.

- **Estratégias para Mitigar a Resistência**

Mitigar a resistência à mudança requer uma abordagem cuidadosa e aberta à comunicação. Envolver os membros da equipe desde o início, explicar claramente os objetivos e benefícios da mudança e fornecer um espaço para discussões e perguntas são estratégias eficazes. Líderes que demonstram empatia, reconhecem as preocupações dos funcionários e oferecem suporte emocional desempenham um papel crucial na gestão da resistência.

- **O Medo do Fracasso como Obstáculo à Inovação**

O medo do fracasso é um espectro que paira sobre muitas iniciativas inovadoras. O receio de tentar algo novo, enfrentar obstáculos e possivelmente falhar pode paralisar a criatividade e a iniciativa. Este medo pode ser particularmente acentuado em ambientes organizacionais onde a cultura não incentiva a experimentação, não tolera erros e coloca uma ênfase excessiva nos resultados imediatos.

• Origens do Medo do Fracasso

O medo do fracasso muitas vezes tem raízes profundas em experiências de vida, educação e cultura organizacional. Pressões sociais para atingir padrões elevados, estigmas associados ao fracasso e a falta de uma mentalidade de aprendizado podem alimentar esse medo. Em ambientes onde a punição por falhas é prevalente, os membros da equipe podem sentir uma hesitação compreensível em se aventurar fora de suas zonas de conforto.

• Transformando o Medo do Fracasso em Oportunidade

Transformar o medo do fracasso em uma oportunidade de aprendizado é um processo gradual e requer uma mudança cultural significativa. Líderes que celebram os esforços, independentemente dos resultados, criam um ambiente onde o aprendizado é valorizado tanto quanto o sucesso. Estratégias como a implementação de programas de desenvolvimento pessoal, onde os funcionários podem adquirir novas habilidades sem o receio de punição, são passos tangíveis para superar o medo do fracasso.

- **Abordagens para Lidar com a Resistência e o Medo**

A. Envolvimento e Participação

Incentivar a participação ativa dos membros da equipe no processo de mudança é uma estratégia fundamental para mitigar a resistência. Realizar sessões de brainstorming, workshops colaborativos e fornecer um fórum para a expressão de preocupações permite que os funcionários se sintam mais investidos no processo de inovação.

B. Comunicação Clara e Transparente

A comunicação desempenha um papel crucial na gestão tanto da resistência à mudança quanto do medo do fracasso. Mensagens claras, consistentes e transparentes sobre os objetivos da inovação, os benefícios esperados e os desafios antecipados ajudam a dissipar a incerteza. Criar canais abertos para o diálogo e feedback também contribui para uma comunicação eficaz.

C. Cultura de Aprendizado e Experimentação

Cultivar uma cultura que valorize a aprendizagem contínua e a experimentação é essencial para superar o medo do fracasso. Isso envolve reconhecer que a inovação muitas vezes envolve tentativa e erro, e que os fracassos são oportunidades valiosas de aprendizado. Líderes que modelam uma mentalidade de crescimento incentivam os membros da equipe a abraçar desafios e ver as falhas como degraus para o sucesso.

D. Reconhecimento e Recompensa

Reconhecer e recompensar o esforço e a contribuição, independentemente dos resultados finais, é uma estratégia poderosa. Prêmios, elogios públicos e incentivos tangíveis demonstram que a organização valoriza a coragem de inovar, mesmo quando os resultados não são imediatamente evidentes.

E. Desenvolvimento de Habilidades

O medo do desconhecido muitas vezes pode ser mitigado fornecendo às equipes as habilidades necessárias para enfrentar os desafios da inovação. Programas de treinamento, workshops especializados e oportunidades de desenvolvimento profissional capacitam os membros da equipe a enfrentar novos cenários com confiança.

CONECTANDO OS PONTOS

Levando em consideração todo o potencial da inovação humana, a resistência à mudança e o medo do fracasso são elementos inerentes à condição humana, mas não são obstáculos intransponíveis.

Ao adotarmos estratégias proativas, líderes e organizações podem transformar essas barreiras emocionais em oportunidades para a inovação.

Superar a resistência e o medo não apenas desbloqueia o potencial humano para a criatividade e a experimentação, mas também pavimenta o caminho para uma cultura organizacional mais resiliente e orientada para o futuro.

No próximo capítulo, exploraremos como a superação dessas barreiras emocionais se conecta ao pensamento de futuros, delineando um caminho que transcende as limitações percebidas em direção a horizontes inexplorados da inovação empresarial.

3.2 RECURSOS LIMITADOS E ORÇAMENTOS RESTRITOS

implementar inovações pode requerer ou não investimentos

Nesta epopeia inovadora, mergulhamos agora de cabeça na encruzilhada mais que desafiadora, que é dos recursos limitados e orçamentos restritos. Este capítulo é uma exploração da magia que acontece quando a inovação encontra barreiras financeiras aparentemente intransponíveis.

Prepare-se para absorver alguns insights, onde exploraremos como as organizações podem superar essas limitações, identificar oportunidades de investimento estratégico e, em alguns casos, implementar inovações sem a necessidade de grandes desembolsos financeiros.

Seja bem-vindo a uma jornada onde a restrição financeira é mais do que um obstáculo; é o catalisador para uma nova era de criatividade e eficiência empresarial.

- **O Dilema dos Recursos Limitados**

A restrição de recursos é uma realidade com a qual muitas organizações, especialmente as pequenas e médias empresas, se deparam ao buscar a inovação. A necessidade de equilibrar orçamentos apertados com a demanda por iniciativas inovadoras cria um dilema que muitas vezes exige criatividade, estratégia e uma abordagem cuidadosa para maximizar o impacto.

- **Estratégias Criativas em Ação**

Na busca pela inovação com recursos limitados, as estratégias criativas se tornam as ferramentas essenciais. Descobriremos como as organizações, ao enfrentarem a restrição financeira, não apenas se adaptam, mas também prosperam. Desde a reutilização inteligente de recursos existentes até a colaboração estratégica com parceiros, cada estratégia criativa é um passo na dança da inovação em meio à escassez.

- **O Papel da Experimentação**

A experimentação emerge como o catalisador que transforma a escassez financeira em um terreno fértil para a inovação. Exploraremos como as organizações, ao abraçarem a mentalidade de experimentação, conseguem testar e ajustar ideias de maneira econômica. A experimentação não apenas reduz os riscos associados à inovação, mas também revela oportunidades inexploradas que podem florescer mesmo em condições de recursos limitados.

- **Avaliando Prioridades e Oportunidades**

O primeiro passo ao enfrentar recursos limitados é uma avaliação cuidadosa das prioridades e oportunidades. Identificar áreas-chave que se alinham com os objetivos estratégicos da empresa é crucial. Priorizar iniciativas que tenham o potencial de oferecer retornos significativos, mesmo com investimentos modestos, é uma abordagem estratégica para otimizar os recursos disponíveis.

- **Estratégias de Investimento Seletivas**

Em ambientes com orçamentos apertados, a estratégia de investimento seletiva torna-se fundamental. Em vez de tentar abordar todas as áreas simultaneamente, as organizações podem escolher cuidadosamente onde alocar recursos, concentrando-se em iniciativas que tenham o maior impacto na inovação e no crescimento. Isso pode envolver a identificação de áreas-chave de melhoria operacional ou o desenvolvimento de novos produtos com potencial de mercado.

*"Restrição financeira é
mais do que um
obstáculo, é o
catalisador para uma
nova era de criatividade
e eficiência
empresarial."*

- **Colaborações e Parcerias Estratégicas**

A busca por colaborações e parcerias estratégicas é uma estratégia inteligente para superar limitações financeiras. Ao unir forças com outras organizações, as empresas podem compartilhar recursos, conhecimentos e custos, ampliando a capacidade de inovação. Parcerias com startups, instituições acadêmicas ou outras empresas do setor podem oferecer acesso a ideias inovadoras e tecnologias emergentes sem a necessidade de investimentos significativos.

3.2.1 IMPLEMENTANDO INOVAÇÕES COM ORÇAMENTOS RESTRITOS

- **Foco na Eficiência Operacional**

A eficiência operacional é um caminho sólido para implementar inovações mesmo em ambientes com orçamentos restritos. Reavaliar e otimizar processos existentes pode resultar em ganhos significativos sem a necessidade de grandes investimentos. A metodologia Lean, por exemplo, é uma abordagem que visa eliminar desperdícios e melhorar a eficiência, muitas vezes sem requerer custos substanciais.

- **Inovação Incremental**

A inovação incremental, que se concentra em melhorias graduais e iterativas, é uma estratégia eficaz para organizações com recursos limitados. Em vez de buscar grandes avanços de uma só vez, as empresas podem implementar mudanças incrementais ao longo do tempo. Essa abordagem não apenas limita os custos, mas também permite que a organização ajuste e aprimore continuamente as inovações à medida que avançam.

- **Crowdsourcing e Inovação Aberta**

Recorrer à sabedoria coletiva por meio de crowdsourcing e inovação aberta é uma maneira eficaz de obter ideias inovadoras sem sobrecarregar o orçamento interno. Engajar clientes, comunidades online ou até mesmo a força de trabalho interna em processos colaborativos de geração de ideias pode resultar em insights valiosos e soluções criativas, muitas vezes sem os custos associados a equipes internas de pesquisa e desenvolvimento.

- **Aproveitamento de Recursos Gratuitos e de Código Aberto**

Em um mundo digital, muitas ferramentas e recursos estão disponíveis gratuitamente ou por meio de projetos de código aberto. Organizações com orçamentos restritos podem explorar o vasto ecossistema de software e tecnologias de código aberto para apoiar iniciativas inovadoras. Isso inclui desde sistemas de gerenciamento de projetos até plataformas de análise de dados, proporcionando uma base sólida sem a necessidade de grandes despesas.

3.2.2 ESTRATÉGIAS PARA MAXIMIZAR INVESTIMENTOS EM INOVAÇÃO

- **Análise de Retorno sobre o Investimento (ROI)**

A análise de retorno sobre o investimento (ROI) é uma ferramenta essencial, mesmo em ambientes com recursos limitados. Ao avaliar o potencial retorno de cada investimento em inovação, as organizações podem tomar decisões informadas sobre onde alocar seus recursos. Identificar iniciativas que ofereçam um ROI mais rápido e tangível pode ser fundamental para otimizar orçamentos restritos.

- **Aprendizado Contínuo e Autoavaliação**

Implementar uma cultura de aprendizado contínuo é crucial para maximizar o processo em inovação. Isso envolve uma avaliação contínua e autoavaliação dos colaboradores e do desempenho das iniciativas, ajustes conforme necessário e a aplicação de lições aprendidas para melhorar futuros investimentos. A flexibilidade para adaptar estratégias com base em feedbacks e resultados é uma vantagem estratégica, especialmente em ambientes dinâmicos.

- **Desenvolvimento de uma Cultura de Inovação**

Desenvolver uma cultura de inovação é uma estratégia de longo prazo que pode maximizar os investimentos ao longo do tempo. Uma cultura que encoraja a experimentação, aprendizado contínuo e a valorização de ideias criativas cria um ambiente propício à inovação. Isso não apenas impulsiona a eficácia das iniciativas atuais, mas também prepara a organização para abraçar futuras oportunidades inovadoras.

CONECTANDO OS PONTOS

A Inovação tem que ser uma "jornada acessível", e os recursos limitados e orçamentos restritos não devem ser vistos como impedimentos insuperáveis à inovação, mas sim como desafios a serem enfrentados com criatividade e estratégia.

Ao adotar abordagens inteligentes, como a priorização de investimentos, a busca de parcerias estratégicas e o aproveitamento de recursos disponíveis, as organizações podem implementar inovações impactantes mesmo em condições financeiras desafiadoras.

3.3 CULTURA ORGANIZACIONAL RESISTENTE

inserido em uma cultura conservadora

A cultura organizacional desempenha um papel fundamental na determinação do sucesso ou fracasso da inovação dentro de uma empresa. Quando uma cultura é resistente à mudança e enraizada em práticas conservadoras, implementar inovações torna-se um desafio significativo. Este capítulo explora os elementos de uma cultura organizacional resistente, os impactos na capacidade de inovação e estratégias para transformar uma cultura conservadora em um ambiente propício à inovação.

3.3.1 IDENTIFICANDO UMA CULTURA ORGANIZACIONAL RESISTENTE

* **Aversão ao Risco**

Uma cultura organizacional resistente muitas vezes se manifesta através de uma aversão ao risco. As organizações que temem o desconhecido e preferem a estabilidade podem relutar em adotar práticas inovadoras. A mentalidade de "nós sempre fizemos assim" pode ser profundamente enraizada, tornando difícil convencer os membros da equipe a abraçar mudanças significativas, e assim deixando grandes oportunidades passarem.

- **Hierarquia Rígida e Tomada de Decisão Centralizada**

Culturas organizacionais resistentes frequentemente apresentam hierarquias rígidas e processos de tomada de decisão centralizados. Isso pode resultar em uma falta de autonomia para as equipes e dificultar a implementação rápida de novas ideias. A burocracia excessiva pode sufocar a criatividade e a iniciativa, criando barreiras para a inovação emergir de maneira ágil.

- **Falta de Estímulo à Criatividade**

Em uma cultura resistente, a criatividade muitas vezes não é incentivada ou valorizada. A ênfase está na conformidade com as normas existentes, e ideias que desafiam o *status quo* podem ser ignoradas ou rejeitadas. A ausência de espaços seguros (livres de "julgamentos" iniciais ou avaliações precoces) e processos que promovam a geração de ideias criativas pode resultar em um ambiente de trabalho onde a inovação tem dificuldade em florescer.

- **Falta de Reconhecimento e Recompensa para a Inovação**

Em culturas organizacionais resistentes, a inovação pode não ser reconhecida nem recompensada. A falta de incentivos para aqueles que buscam novas soluções ou introduzem práticas inovadoras desencoraja a busca ativa da inovação. Sem reconhecimento, os membros da equipe podem sentir que a inovação não é valorizada e, consequentemente, desistir de contribuir com novas ideias.

3.3.2 IMPACTOS NA CAPACIDADE DE INOVAÇÃO

- **Estagnação e Falta de Adaptabilidade**

Uma cultura organizacional resistente à inovação pode levar à estagnação e à falta de adaptabilidade. Em um mundo empresarial em constante evolução, a capacidade de se adaptar a novas condições de mercado, tecnologias emergentes e demandas dos clientes é essencial. Organizações presas em uma mentalidade conservadora podem lutar para se ajustar às mudanças, perdendo oportunidades valiosas.

- **Perda de Talentos e Desmotivação**

A falta de estímulo à criatividade e a ausência de reconhecimento para a inovação podem levar à perda de talentos. Funcionários motivados e criativos podem buscar ambientes de trabalho mais propícios à inovação, onde suas contribuições sejam valorizadas. A desmotivação resultante em uma cultura resistente pode criar um ciclo onde a organização perde continuamente aqueles que buscam um ambiente mais dinâmico, e no mundo tão complexo e ágil que vivemos, pois a rigidez excessiva é um vislumbre para o fracasso.

- **Competitividade Comprometida**

Em setores onde a inovação é um diferencial competitivo significativo, uma cultura organizacional resistente coloca a competitividade em risco. Empresas que não conseguem se adaptar rapidamente às mudanças no mercado ou introduzir produtos e serviços inovadores podem perder terreno para concorrentes mais ágeis. A falta de inovação compromete a capacidade da organização de se destacar em um cenário competitivo.

- **Falta de Resiliência a Choques Externos**

Organizações com culturas resistentes podem enfrentar dificuldades em lidar com choques externos, como crises econômicas, pandemias ou mudanças abruptas nas condições de mercado. A falta de agilidade e a relutância em adotar práticas inovadoras podem tornar a organização vulnerável a impactos significativos, enquanto empresas mais inovadoras se adaptam e prosperam.

3.3.3 TRANSFORMANDO UMA CULTURA CONSERVADORA EM UMA CULTURA INOVADORA

- **Liderança Engajada e Comprometida**

Transformar uma cultura organizacional resistente começa com liderança engajada e comprometida. Os líderes devem demonstrar uma visão clara para a inovação e estar dispostos a desafiar o status quo. Engajar-se diretamente com a equipe, comunicar a importância da inovação e modelar comportamentos inovadores são passos cruciais para criar uma cultura de mudança.

- **Empoderamento e Autonomia**

Promover o empoderamento e a autonomia é essencial para quebrar a rigidez hierárquica. As equipes precisam sentir que têm a capacidade e a liberdade de contribuir com ideias inovadoras e implementá-las sem obstáculos burocráticos. Isso pode envolver a delegação de responsabilidades, a criação de equipes multifuncionais e a promoção de uma mentalidade empreendedora.

- **Estímulo à Criatividade e Experimentação**

Criar espaços e processos que estimulem a criatividade e a experimentação é crucial para uma cultura inovadora. Workshops de ideação, programas de incentivo à criatividade e a alocação de tempo para projetos paralelos podem ser formas eficazes de fomentar a geração de ideias inovadoras. Celebrar os esforços criativos, independentemente dos resultados, também contribui para uma cultura que valoriza a inovação.

- **Reconhecimento e Recompensa**

Estabelecer sistemas de reconhecimento e recompensa para a inovação é fundamental. Prêmios, elogios públicos, promoções e incentivos financeiros são maneiras de reconhecer e recompensar aqueles que contribuem para a inovação. Isso não apenas motiva a equipe existente, mas também atrai talentos externos que buscam um ambiente onde suas ideias sejam valorizadas.

- **Integração de Inovação nos Processos**

Incorporar a inovação nos processos organizacionais é uma mudança estrutural que pode impulsionar a cultura. Isso inclui a criação de estruturas formais para gerenciar a inovação, a alocação de recursos específicos e a integração da inovação como um componente essencial do planejamento estratégico. À medida que a inovação se torna uma parte intrínseca dos processos, ela deixa de ser vista como uma iniciativa isolada e se torna uma parte essencial do DNA organizacional.

4 INOVAÇÃO É O MEIO NÃO O FINAL

4. IMPORTÂNCIA DE SE TER UMA VISÃO DE FUTURO - UMA INTRODUÇÃO AO ESTUDOS DE FUTUROS

Em um mundo onde a única constante é a mudança, a capacidade de antecipar, compreender e se adaptar ao futuro torna-se uma vantagem estratégica inigualável. Este capítulo iremos nos aprofundar nos Estudos de Futuros, explorando a importância de se ter uma visão de futuro ou futuros, pois não existe apenas uma única possibilidade de futuro, e sim quantas conseguimos projetar, e como essa perspectiva é fundamental para impulsionar a inovação nas organizações.

4.1 COMPREENDENDO A DINÂMICA DO FUTURO

- **A Natureza Transitória do Presente**

O presente, muitas vezes envolto em urgências imediatas e demandas diárias, pode obscurecer a compreensão da dinâmica subjacente que molda o futuro. É fácil ficar absorvido pelos desafios do momento, perdendo de vista as oportunidades e ameaças que se desenham no horizonte. Uma abordagem centrada no presente pode levar a reações reativas, em vez de ações estratégicas informadas.

- **O Futuro como Campo de Possibilidades**

Os Estudos de Futuros nos convidam a ver o futuro como um campo vasto de possibilidades. Ao invés de um destino inevitável, o futuro é moldado por uma miríade de fatores, incluindo mudanças sociais, avanços tecnológicos, desenvolvimentos econômicos e transformações culturais. Desenvolver uma visão de futuro é cultivar uma mentalidade prospectiva, onde os líderes não apenas reagem, mas também influenciam ativamente o curso dos eventos.

4.1.1 A IMPORTÂNCIA ESTRATÉGICA DA VISÃO DE FUTURO

- **Antecipação de Tendências e Mudanças**

Uma visão de futuro aguçada permite às organizações antecipar tendências e mudanças que podem afetar seus setores de atuação. Identificar sinais de transformação emergentes, compreender as forças impulsionadoras por trás dessas mudanças e adaptar-se proativamente são elementos-chave para se manter à frente da concorrência e mitigar riscos.

- **Inovação como Resposta ao Futuro**

A inovação, por sua própria natureza, está intrinsecamente ligada à capacidade de antecipar e responder ao futuro. Com uma visão clara das necessidades e demandas futuras dos clientes, assim como das tendências tecnológicas, as organizações podem direcionar seus esforços de inovação de maneira mais precisa. A inovação guiada pelo futuro não apenas atende às expectativas do presente, mas também posiciona a organização para liderar as mudanças que estão por vir.

* **Resiliência diante de Desafios**

A incerteza é uma constante incontornável quando se trata do futuro. No entanto, uma visão de futuro robusta confere às organizações uma resiliência que as capacita a enfrentar desafios imprevistos. Ao compreender as possíveis trajetórias futuras e desenvolver estratégias adaptativas, as organizações podem navegar com mais confiança através de turbulências e crises, emergindo mais fortes do outro lado.

4.1.2 INTRODUÇÃO AOS ESTUDOS DE FUTUROS

* **Explorando as Ferramentas e Métodos**

Os Estudos de Futuros oferecem um conjunto diversificado de ferramentas e métodos para explorar o futuro. Cenários prospectivos, análises de tendências, modelagem de impacto e delphi são apenas algumas das abordagens que permitem aos pesquisadores de futuros mergulhar nas complexidades do amanhã.

Essas ferramentas não são apenas para os futurólogos, mas representam recursos valiosos para líderes empresariais que buscam navegar pelas águas incertas e projetar melhores futuros.

- **A Arte de Perguntar "E Se..."**

No cerne dos Estudos de Futuros está a arte de perguntar "E se...". Essa simples, mas poderosa pergunta desencadeia um processo exploratório que desafia as suposições existentes, desvenda possibilidades inexploradas e estimula a imaginação criativa. Ao questionar as premissas fundamentais sobre o que é possível, os Estudos de Futuros abrem portas para a inovação e a criação de futuros desejáveis.

4.1.3 A UNIÃO ENTRE ESTUDOS DE FUTUROS E INOVAÇÃO

- **Preparando-se para o Desconhecido**

A inovação muitas vezes prospera quando confrontada com o desconhecido. Os Estudos de Futuros fornecem uma bússola para navegar por territórios inexplorados, permitindo que as organizações se preparem para cenários que podem inicialmente parecer distantes ou improváveis. Essa preparação não apenas reduz o impacto de surpresas desagradáveis, mas também cria uma mentalidade de adaptação contínua.

- **Inspirando a Criatividade e a Experimentação**

Uma visão de futuro inspiradora alimenta a criatividade e a experimentação. Quando as equipes compreendem o contexto mais amplo e a direção para a qual a organização está se movendo, são incentivadas a buscar soluções inovadoras que contribuam para esse futuro. A visão de futuro não apenas guia a inovação, mas também a catalisa, fornecendo um propósito significativo para os esforços criativos.

- **Engajando Stakeholders no Processo de Inovação**

Os Estudos de Futuros envolvem não apenas líderes, mas também stakeholders-chave no processo de inovação. Ao criar uma narrativa compartilhada sobre o futuro desejado, as organizações podem mobilizar uma coalizão de apoio, alinhando interesses e objetivos em direção a uma visão coletiva. Isso não apenas fortalece o comprometimento, mas também amplifica o impacto das iniciativas inovadoras.

4.1.4 DESAFIOS E OPORTUNIDADES NA INTEGRAÇÃO DE FUTUROS E INOVAÇÃO

- **Desafios na Antecipação Precisa**

Antecipar o futuro com alto nível de assertividade é uma tarefa intrinsecamente desafiadora, quanto maior o tempo explorado (anos para frente), maior será o nível de incerteza. Os Estudos de Futuros podem fornecer insights valiosos, mas também enfrentam limitações inerentes à complexidade do mundo em constante mudança. O desafio está em equilibrar a necessidade de orientação com a compreensão de que o futuro é, por natureza, dinâmico e imprevisível.

- **Navegando pelas Incertezas**

A inovação guiada pelo futuro requer uma disposição para navegar pelas incertezas. Nem todas as variáveis podem ser previstas ou controladas, e a resiliência diante de reviravoltas inesperadas é crucial. Isso exige uma mentalidade ágil e a capacidade de ajustar estratégias conforme necessário, mantendo o foco na visão de futuro desejado.

- **Oportunidades na Flexibilidade Estratégica**

Por outro lado, a integração de futuros e inovação oferece oportunidades significativas na flexibilidade estratégica. Ao abraçar uma abordagem adaptativa e estar disposto a ajustar o curso com base em novas informações, as organizações podem se posicionar de maneira mais ágil diante das mudanças. Essa flexibilidade estratégica é uma vantagem competitiva em um mundo dinâmico.

CONECTANDO OS PONTOS

À medida que emergimos a importância de se ter uma visão de futuro, propomos esse convite para que possa explorar os horizontes interconectados de futuros e inovação. Ao integrar uma perspectiva prospectiva à sua abordagem inovadora, sua organização estará preparada não apenas para enfrentar o desconhecido, mas para forjar ativamente o futuro que deseja ver.

É de suma importância os princípios dos Estudos de Futuros e como eles se entrelaçam com as estratégias de inovação, pois assim estaremos sempre um paço a frente, pois essas ferramentas, métodos e mentalidades nos capacitam e capacitam as organizações a não apenas reagir ao futuro, mas a moldá-lo de maneira significativa.

4.2 CRIANDO UMA VISÃO DE FUTURO - FUNDAMENTOS PARA A INOVAÇÃO ESTRATÉGICA

A capacidade de criar uma visão de futuro é a âncora que ancora a inovação estratégica. Neste capítulo, mergulhamos nas nuances de como conceber e desenvolver uma visão de futuro que não apenas inspire, mas também oriente as estratégias inovadoras das organizações. Da compreensão dos elementos essenciais à formulação de uma narrativa envolvente, exploraremos os fundamentos para a criação de uma visão de futuro que transcenda o ordinário.

4.2.1 ENTENDENDO OS ELEMENTOS ESSENCIAIS

- **Clareza de Valores e Propósito**

Uma visão de futuro robusta começa pela clareza dos valores e propósito da organização. Estabelecer "o por que" a organização existe e quais princípios fundamentais guiarão suas ações cria um alicerce sólido para construir a visão. Valores sólidos não apenas fornecem direção, mas também garantem que a visão esteja alinhada com a identidade central da organização.

- **Identificação de Tendências e Forças Impulsionadoras**

A visão de futuro não é uma obra isolada, mas uma resposta consciente às tendências e forças que moldam o ambiente externo. A análise de tendências emergentes, avanços tecnológicos e mudanças sociais proporciona insights cruciais para formular uma visão que seja relevante e adaptativa. Identificar as forças impulsionadoras que moldarão o cenário futuro é como prestar atenção às correntes que guiarão a jornada.

- **Envolvimento de Stakeholders-Chave**

Construir uma visão de futuro é um esforço colaborativo que envolve a participação ativa de stakeholders-chave. Desde líderes de equipe até membros da comunidade, a diversidade de perspectivas enriquece a visão e garante que ela ressoe com uma gama mais ampla de interessados. O envolvimento precoce e contínuo dessas partes interessadas não apenas fortalece a visão, mas também aumenta o comprometimento com sua realização.

4.2.2 DESENVOLVENDO UMA PERSPECTIVA PROSPECTIVA

- **Cenários Futuros Possíveis**

A criação de cenários futuros é uma ferramenta poderosa para desenvolver uma perspectiva prospectiva. Explorar diferentes narrativas sobre como o futuro pode se desenrolar ajuda a expandir as fronteiras da imaginação e a considerar uma variedade de possibilidades. Cenários extremos e inovadores podem desafiar as suposições convencionais, estimulando a criatividade e inspirando soluções inovadoras.

- **Perguntas Poderosas e Pensamento "E Se..." (Sim! Novamente)**

A formulação de uma visão de futuro começa com perguntas poderosas e o pensamento "E se...". Essa abordagem questionadora desafia as premissas existentes e incentiva a exploração de alternativas. Ao se perguntar sobre possíveis futuros, a organização abre espaço para considerar diferentes realidades e identificar oportunidades que podem ter passado despercebidas em uma abordagem mais convencional.

- **Incorporação de Tendências Emergentes**

Uma visão de futuro eficaz incorpora tendências emergentes de forma proativa. Isso não apenas exige um entendimento profundo das mudanças em curso, mas também a capacidade de extrapolá-las para o futuro. Ao antecipar e abraçar tendências, a organização se posiciona para liderar a inovação em vez de reagir a ela. O desafio é discernir entre tendências passageiras e aquelas que moldarão o cenário futuro de maneira duradoura.

4.2.3 CONSTRUINDO UMA NARRATIVA ENVOLVENTE

- **Elementos de uma Narrativa Poderosa**

Uma visão de futuro não é apenas uma declaração abstrata, mas uma narrativa envolvente que ressoa emocionalmente. Elementos-chave de uma narrativa poderosa incluem uma introdução cativante, uma descrição clara da visão, uma jornada inspiradora para alcançá-la e o impacto positivo que ela trará. A inclusão de elementos emocionais conecta as pessoas à visão, criando uma narrativa que vai além dos números e gráficos.

- **Visualização Tangível do Futuro**

Tornar a visão tangível é fundamental para sua aceitação e adoção. A criação de representações visuais, como mapas visuais, infográficos ou simulações, proporciona uma compreensão mais clara do futuro desejado. Visualizar o sucesso da visão não apenas inspira, mas também ajuda a alinhar os esforços da organização em direção a metas concretas.

- **Alinhamento com Valores Culturais**

Uma narrativa envolvente é aquela que respeita e está alinhada com os valores culturais da organização. Integrar elementos que refletem a identidade e os valores fundamentais fortalece a autenticidade da visão. Quando a visão ressoa com a cultura organizacional, ela se torna uma força unificadora que inspira e orienta todos na organização.

4.2.4 INTEGRANDO INOVAÇÃO NA VISÃO DE FUTURO

- **Identificação de Oportunidades Inovadoras**

A visão de futuro serve como um terreno fértil para identificar oportunidades inovadoras. Ao examinar o futuro desejado, as organizações podem rastrear as áreas onde a inovação é crucial para alcançar a visão. Essa identificação precoce de oportunidades inovadoras permite que a organização se posicione na vanguarda do desenvolvimento e implementação de soluções pioneiras.

- **Estímulo à Experimentação e Iteração**

Uma visão de futuro que abraça a inovação estimula a experimentação contínua e a iteração. Criar um ambiente que incentive a tentativa de novas abordagens, a aprendizagem com falhas e a adaptação rápida é essencial. Isso requer uma cultura organizacional que valorize a criatividade e veja a inovação como um processo contínuo, não apenas um evento isolado.

• Alinhamento de Estratégias Inovadoras

A visão de futuro se torna um guia estratégico para alinhar as iniciativas inovadoras. As estratégias de inovação podem ser direcionadas para alcançar metas específicas que contribuam para a realização da visão. Ao alinhar os esforços inovadores com a visão de futuro, a organização maximiza o impacto de suas iniciativas, garantindo que cada inovação seja um passo em direção ao futuro desejado.

4.2.5 SUPERANDO DESAFIOS NA CRIAÇÃO DA VISÃO DE FUTURO

• Resistência à Mudança e Conformidade

A resistência à mudança é uma barreira comum na criação de uma visão de futuro. As pessoas podem se sentir desconfortáveis com o desconhecido ou preocupadas com as mudanças que a visão propõe. Superar essa resistência requer comunicação transparente, envolvimento contínuo e a demonstração de como a visão de futuro não apenas beneficia a organização, mas também os indivíduos. Como já abordamos no *3.1 RESISTENCIA À MUDANÇA E MEDO DO FRACASSO.*

- **Falta de Clareza na Comunicação**

A falta de clareza na comunicação pode comprometer a eficácia da visão de futuro. É essencial comunicar a visão de maneira acessível, evitando jargões complexos e garantindo que todos os membros da organização possam compreender e se conectar com a visão. Ferramentas visuais, histórias e exemplos concretos são recursos valiosos para tornar a comunicação mais clara e impactante.

- **Desafios na Antecipação e Projeção**

Antecipar e projetar com assertividade o futuro é uma tarefa desafiadora. A complexidade do ambiente externo, as variáveis em constante mudança e a incerteza inerente tornam difícil prever com certeza como o futuro se desdobrará. No entanto, esse desafio não invalida a necessidade de criar uma visão de futuro; em vez disso, destaca a importância de uma abordagem flexível e adaptativa.

CONECTANDO OS PONTOS

À medida que transformando a visão em realidade inovadora de futuro, é crucial lembrar que a visão não é um destino final, mas um guia em constante evolução. Construir uma visão de futuro que inspire inovação exige paciência, colaboração e um compromisso contínuo com a adaptação.

Ao integrar a inovação no tecido da visão de futuro, as organizações não apenas criam um farol para orientar seus esforços, mas também estabelecem os alicerces para se tornarem agentes ativos na criação do futuro desejado. Agora é explorar como essa visão pode ser traduzida em estratégias de inovação concretas, capacitando organizações a transformar a visão em realidade inovadora.

4.3 ANTECIPAÇÃO ÀS MUDANÇAS - A ARTE DA INOVAÇÃO PROATIVA

Antecipar as mudanças é uma habilidade estratégica que transcende a mera reação aos eventos externos. Neste capítulo, exploraremos a arte da inovação proativa, examinando como as organizações podem desenvolver a capacidade de antecipar mudanças e transformar essa antecipação em uma vantagem competitiva. Da análise de sinais fracos à construção de uma cultura de previsão, mergulhamos nas práticas que capacitam as organizações a liderar, em vez de seguir, as ondas do futuro.

4.3.1 A NECESSIDADE DE ANTECIPAÇÃO

- **Velocidade das Mudanças no Mundo Atual**

O mundo contemporâneo é caracterizado por uma velocidade impressionante de mudanças. Avanços tecnológicos, transformações culturais, mudanças no cenário econômico e eventos globais têm o poder de remodelar indústrias e setores inteiros em curtos períodos. A capacidade de antecipar essas mudanças não apenas reduz o impacto do desconhecido, mas também coloca as organizações em uma posição privilegiada para moldar o curso dos acontecimentos.

- **Reagir vs. Antecipar**

A reação a mudanças é uma resposta passiva que muitas vezes coloca as organizações em uma posição defensiva. Antecipar, por outro lado, é uma abordagem proativa que permite que as organizações estejam à frente da curva. Em vez de simplesmente se ajustar às mudanças já em andamento, as organizações inovadoras antecipam tendências, identificam oportunidades e moldam ativamente o ambiente em que operam.

4.3.2 SINAIS FRACOS E ANÁLISE PREDITIVA

- **Identificando Sinais Fracos**

Os sinais fracos são indícios sutis de mudanças iminentes que, se detectados precocemente, podem fornecer insights valiosos. Esses sinais muitas vezes passam despercebidos em meio ao ruído cotidiano, exigindo uma atenção cuidadosa para serem identificados. A observação atenta de padrões emergentes, feedback de clientes, mudanças na concorrência e desenvolvimentos tecnológicos são pontos de partida para identificar sinais fracos.

- **Análise Preditiva e Ferramentas Tecnológicas**

A análise preditiva, apoiada por ferramentas tecnológicas avançadas, oferece uma abordagem sistemática para antecipar mudanças. Modelos de aprendizado de máquina, análise de big data e algoritmos preditivos podem analisar grandes conjuntos de dados para identificar padrões e tendências emergentes. Essas ferramentas não apenas aumentam a precisão da antecipação, mas também permitem uma resposta rápida às mudanças detectadas.

4.3.3 DESENVOLVENDO UMA CULTURA DE PREVISÃO

- **Fomentando a Consciência de Mudanças**

Uma cultura de previsão começa com a conscientização generalizada sobre a importância de antecipar mudanças. Todos os membros da organização, desde líderes até colaboradores da linha de frente, devem estar sintonizados com a dinâmica do ambiente externo e alertas para sinais fracos. Isso requer uma mentalidade de curiosidade constante e uma disposição para questionar as suposições existentes.

- **Estimulando a Experimentação e Aprendizado Contínuo**

Uma cultura de previsão é alimentada pela experimentação e aprendizado contínuo. Encorajar equipes a experimentar novas abordagens, testar hipóteses e aprender com os resultados contribui para a agilidade organizacional. O aprendizado contínuo não apenas aprimora a capacidade de antecipação, mas também cria uma mentalidade de adaptação constante.

- **Integrando Previsão nos Processos Estratégicos**

A previsão não deve ser uma atividade isolada, mas integrada aos processos estratégicos da organização. Incorporar a análise preditiva nas decisões estratégicas, revisar regularmente as suposições subjacentes e ajustar as estratégias com base em insights preditivos são passos essenciais para desenvolver uma cultura de previsão. Isso requer uma liderança comprometida em priorizar a antecipação como parte integrante da tomada de decisões.

4.3.4 ESTRATÉGIAS PARA ANTECIPAR MUDANÇAS

- **Mapeamento de Tendências**

O mapeamento de tendências é uma estratégia-chave para antecipar mudanças. Identificar as principais tendências em setores relevantes fornece uma visão valiosa sobre o que pode moldar o futuro. Essas tendências podem incluir avanços tecnológicos, mudanças nas preferências do consumidor, desenvolvimentos regulatórios e movimentos do mercado global. O mapeamento constante dessas tendências permite que as organizações ajustem suas estratégias de acordo.

- **Colaboração Externa e Redes de Inovação**

A colaboração externa e o envolvimento em redes de inovação ampliam a capacidade de antecipar mudanças. Parcerias estratégicas, participação em ecossistemas de inovação e conexão com startups e incubadoras proporcionam acesso a perspectivas externas e insights inovadores. Essas colaborações não apenas aumentam a conscientização sobre mudanças iminentes, mas também oferecem oportunidades para cocriação e adoção de práticas inovadoras.

- **Monitoramento Competitivo**

O monitoramento constante da concorrência é uma prática crucial na antecipação de mudanças. Analisar as estratégias, movimentos e inovações dos concorrentes fornece insights valiosos sobre as mudanças no cenário competitivo. Isso não significa apenas reagir às ações dos concorrentes, mas usar essas informações para antecipar as tendências do setor e posicionar a organização de maneira estratégica.

4.3.5 LIDERANÇA NA ANTECIPAÇÃO

- **Papel Fundamental dos Líderes**

Os líderes desempenham um papel fundamental na promoção da antecipação de mudanças. Estar à frente na busca por sinais fracos, encorajar a inovação proativa e comunicar a importância da antecipação são atribuições essenciais dos líderes. Além disso, os líderes precisam cultivar uma cultura que valorize a previsão e recompense a iniciativa na antecipação de mudanças.

- **Desenvolvimento de Habilidades de Antecipação**

Desenvolver habilidades de antecipação é uma jornada contínua para líderes e equipes. Isso envolve aprimorar a capacidade de análise preditiva, cultivar a curiosidade, aprimorar a tomada de decisões orientada para o futuro e promover a colaboração em toda a organização. Os líderes são agentes de mudança que modelam e incentivam essas habilidades em suas equipes.

- **Comunicação Transparente sobre Mudanças**

A comunicação transparente sobre mudanças é crucial para criar um ambiente em que a antecipação seja valorizada. Os líderes precisam comunicar regularmente insights sobre sinais fracos, mudanças em curso e a importância de se adaptar. Isso não apenas mantém os membros da organização informados, mas também promove uma cultura de abertura e receptividade à mudança.

4.3.6 DESAFIOS NA ANTECIPAÇÃO DE MUDANÇAS

- **Ruído Informacional**

O ruído informacional é um desafio significativo na antecipação de mudanças. A sobrecarga de informações, muitas vezes proveniente de fontes diversas, pode obscurecer os sinais fracos e dificultar a identificação de padrões significativos. Desenvolver capacidades de filtragem eficientes e ferramentas tecnológicas para processar grandes volumes de dados são estratégias para enfrentar esse desafio.

- **Resistência Cultural à Mudança**

A resistência cultural à mudança é um obstáculo comum na antecipação de mudanças. As organizações podem enfrentar resistência quando tentam introduzir práticas inovadoras, especialmente se a cultura existente for avessa ao desconhecido. Superar essa resistência requer uma abordagem cuidadosa, envolvimento ativo dos membros da organização e comunicação eficaz sobre os benefícios da antecipação.

- **Limitações na Precisão da Previsão**

A precisão da previsão nunca pode ser garantida devido à complexidade do ambiente externo. Limitações na precisão da previsão exigem uma abordagem humilde, onde as organizações reconhecem a incerteza inerente e adotam uma mentalidade ágil. Isso implica estar preparado para ajustar estratégias com base em novas informações e abraçar a flexibilidade estratégica.

CONECTANDO OS PONTOS

À medida que concluímos este tema sobre a antecipação de mudanças, é essencial destacar que a inovação proativa é um processo contínuo e dinâmico. Antecipar mudanças não é apenas sobre prever eventos futuros, mas também sobre construir uma capacidade organizacional para se adaptar e inovar de forma sustentável.

Ao integrar a antecipação de mudanças na cultura e nas práticas cotidianas, as organizações se posicionam para liderar o caminho, moldando ativamente o futuro em vez de serem moldadas por ele. Portanto temos que propor mais, ser mais ativo, sermos agentes de mudança!

4.4 ADAPTAÇÃO ÀS MUDANÇAS - A JORNADA CONTÍNUA DA INOVAÇÃO RESILIENTE

Adaptar-se às mudanças é mais do que uma necessidade; é uma habilidade vital para organizações que buscam prosperar em ambientes dinâmicos. Neste capítulo, exploraremos a essência da adaptação, destacando como as organizações podem cultivar uma mentalidade ágil, abraçar a resiliência e transformar desafios em oportunidades por meio da inovação contínua.

4.4.1 A DINÂMICA DA ADAPTAÇÃO

- **A Natureza Inevitável das Mudanças**

As mudanças são uma constante inescapável na jornada de qualquer organização. Elas podem se manifestar de várias formas, desde evoluções tecnológicas até transformações no cenário econômico e mudanças nas preferências dos consumidores. Aceitar a natureza inevitável das mudanças é o primeiro passo para uma adaptação eficaz.

- **Reação vs. Adaptação Proativa**

Enquanto reagir às mudanças é uma resposta natural, a adaptação proativa é uma abordagem estratégica que coloca as organizações no controle de seu destino. Em vez de serem simples espectadoras das mudanças, as organizações inovadoras antecipam tendências, ajustam-se rapidamente e moldam ativamente seu caminho em direção ao sucesso.

4.4.2 CONSTRUINDO UMA MENTALIDADE ÁGIL

- **Agilidade como Vantagem Competitiva**

A agilidade é uma vantagem competitiva crucial em ambientes voláteis. Organizações ágeis têm a capacidade de se mover rapidamente, ajustar estratégias conforme necessário e aprender com experiências passadas. Essa mentalidade ágil não apenas permite a sobrevivência em tempos de mudança, mas também cria as condições ideais para a inovação prosperar.

4.4.2.1 ELEMENTOS-CHAVE DA MENTALIDADE ÁGIL

Flexibilidade Estratégica: A capacidade de ajustar estratégias conforme as mudanças no ambiente externo.

Aprendizado Contínuo: A disposição de aprender com sucessos e fracassos, promovendo uma cultura de melhoria constante.

Tomada de Decisões Rápidas: A habilidade de tomar decisões eficientes e eficazes em resposta a mudanças imprevistas.

<u>Colaboração Dinâmica:</u> A promoção de uma colaboração fluida e adaptativa em toda a organização.

4.4.3 RESILIÊNCIA COMO PILAR DA ADAPTAÇÃO

- **Entendendo a Resiliência Organizacional**

A resiliência organizacional é a capacidade de uma organização não apenas resistir a choques e mudanças, mas também se recuperar e prosperar. Isso envolve a criação de uma estrutura organizacional robusta que possa absorver impactos adversos e emergir mais forte do outro lado.

4.4.3.1 COMPONENTES ESSENCIAIS DA RESILIÊNCIA

<u>Flexibilidade Operacional:</u> A capacidade de ajustar operações internas em resposta a mudanças nas condições externas.

<u>Diversificação Estratégica:</u> A adoção de estratégias que reduzem a dependência de um único elemento, mitigando o risco.

<u>Comunicação Transparente:</u> A promoção de uma comunicação aberta e transparente para manter os membros da organização informados e engajados.

<u>Gestão de Crises Eficaz:</u> A preparação para lidar proativamente com crises, minimizando danos e acelerando a recuperação.

4.4.4 TRANSFORMANDO DESAFIOS EM OPORTUNIDADES

- **Perspectiva Inovadora sobre Desafios**

A inovação é a chave para transformar desafios em oportunidades. Em vez de ver os obstáculos como barreiras intransponíveis, as organizações inovadoras os encaram como pontos de partida para a criatividade e a reinvenção. Essa perspectiva inovadora permite que desafios se tornem catalisadores para a melhoria e o crescimento.

4.4.4.1 CICLO DE INOVAÇÃO CONTÍNUA

<u>Identificação de Desafios:</u> Reconhecer desafios existentes e potenciais que afetam a organização.

<u>Geração de Ideias Inovadoras:</u> Promover sessões de brainstorming e colaboração para gerar soluções criativas.

<u>Implementação de Soluções:</u> Transformar as melhores ideias em ações tangíveis e estratégias implementáveis.

<u>Avaliação Contínua:</u> Monitorar o impacto das soluções implementadas e estar preparado para ajustes conforme necessário.

4.4.5 ESTRATÉGIAS PARA ADAPTAÇÃO SUSTENTÁVEL

- **Cultura de Inovação**

Uma cultura de inovação é um alicerce para a adaptação sustentável. Isso envolve a promoção de uma mentalidade de experimentação, aceitação da falha como parte do processo e encorajamento à colaboração interdisciplinar. Quando a inovação é incorporada à cultura organizacional, a adaptação se torna uma resposta natural a qualquer desafio.

- **Monitoramento de Tendências**

O monitoramento constante de tendências é uma estratégia proativa para antecipar mudanças. Identificar sinais fracos, analisar movimentos do mercado e compreender as tendências emergentes permitem que as organizações ajustem suas estratégias antes que os desafios se transformem em crises. Isso requer uma abordagem sistemática e uma mentalidade receptiva à mudança.

- **Investimento em Capacidades Humanas**

O investimento contínuo nas capacidades humanas é essencial para a adaptação sustentável. Isso inclui o desenvolvimento de habilidades de liderança ágil, a promoção da aprendizagem contínua em toda a organização e a criação de equipes multifuncionais capazes de se adaptar a diferentes cenários. As organizações que priorizam o desenvolvimento humano têm uma base sólida para enfrentar os desafios do futuro.

4.4.6 LIDERANÇA NA ADAPTAÇÃO

- **O Papel dos Líderes na Adaptação**

Os líderes desempenham um papel crucial na condução da adaptação organizacional. Eles não apenas definem o tom, mas também modelam comportamentos adaptativos. Líderes inovadores incentivam a experimentação, demonstram resiliência diante de desafios e promovem uma cultura de aprendizado contínuo. Sua liderança inspiradora cria uma base para a adaptação sustentável.

- **Comunicação Clara e Inspiradora**

A comunicação desempenha um papel vital na adaptação. Líderes eficazes comunicam de maneira clara e inspiradora, fornecendo uma visão clara do caminho à frente. Isso não apenas mantém os membros da organização informados, mas também os motiva a abraçar as mudanças com confiança.

* **Encorajamento à Inovação Aberta**

A inovação aberta, que envolve a colaboração com partes externas, é uma estratégia valiosa na adaptação. Líderes podem incentivar a busca de soluções fora das fronteiras organizacionais, aproveitando a criatividade e a experiência de uma rede mais ampla. Isso não apenas traz novas perspectivas, mas também fortalece a resiliência da organização.

4.4.7 DESAFIOS NA ADAPTAÇÃO

* **Resistência à Mudança**

A resistência à mudança é um desafio comum na adaptação. As pessoas podem sentir-se desconfortáveis com o desconhecido ou receosas de perder familiaridade. Superar essa resistência requer uma abordagem cuidadosa, comunicação transparente e demonstração de como a adaptação beneficia a organização e seus membros.

- **Falta de Recursos**

A falta de recursos, sejam financeiros, humanos ou tecnológicos, pode ser um obstáculo significativo para a adaptação. Enfrentar esse desafio requer estratégias criativas para otimizar o uso de recursos disponíveis, priorizar investimentos essenciais e buscar parcerias estratégicas que complementem as capacidades internas.

- **Complacência Organizacional**

A complacência é um inimigo silencioso da adaptação. Organizações que se tornam excessivamente confiantes em suas práticas existentes podem se tornar resistentes à mudança, colocando-as em desvantagem quando confrontadas com novos desafios. Combater a complacência exige uma cultura que valorize a busca contínua por melhoria.

CONECTANDO OS PONTOS

Adaptação como imperativo estratégico, é sobre a adaptação às mudanças, é reconhecer que a capacidade de se adaptar não é apenas uma resposta a desafios momentâneos, mas uma postura estratégica contínua. A inovação, resiliência e mentalidade ágil são os pilares que sustentam uma adaptação eficaz, transformando não apenas as ameaças, mas também as oportunidades, em impulsores do crescimento organizacional.

Temos que ter em mente, que as organizações podem não apenas se adaptar, mas também prosperar em ambientes de constante transformação. A jornada da inovação resiliente é um caminho dinâmico, onde cada desafio superado não é apenas uma vitória momentânea, mas uma preparação para as mudanças futuras que aguardam.

5 LIGANDO OS PONTOS

(UMA POSSÍVEL CONCLUSÃO)

5. CONCLUSÃO GERAL: NAVEGANDO A ONDA DA INOVAÇÃO E ANTECIPANDO O FUTURO

Ao longo desta jornada de insights, conteúdo e ideias, exploramos as profundezas do oceano da inovação, mergulhando nas correntes de mudança e surfando nas ondas do futuro. Agora, ao reunirmos os fragmentos de sabedoria acumulados, construímos um farol para guiar nossos próximos passos nesse vasto mar de possibilidades.

5.1 RECAPITULANDO AS MARÉS DA INOVAÇÃO

Começamos nossa viagem explorando as raízes da inovação, desvendando o DNA criativo que impulsiona a busca incessante por soluções inovadoras. Descobrimos que a inovação não é apenas a criação de algo novo, mas a arte de transformar desafios em oportunidades, de ver o inexplorado como território fértil para a criatividade florescer.

Avançamos então para entender como a inovação se entrelaça com o crescimento e o sucesso das empresas. Descortinamos os benefícios tangíveis e intangíveis que as organizações colhem ao cultivar uma mentalidade inovadora, desde o aumento da eficiência operacional até o fortalecimento da competitividade no mercado.

Ao explorar as vantagens da inovação na criação de produtos e serviços diferenciados, penetramos nas camadas profundas da estratégia empresarial. Compreendemos que a inovação não é apenas sobre produtos revolucionários, mas também sobre a capacidade de agregar valor, encantar clientes e destacar-se em meio à concorrência acirrada.

No mergulho nas águas da otimização de processos e eficiência operacional, descobrimos que a inovação não é uma força isolada, mas um catalisador poderoso para transformar a forma como as organizações operam. Desde a simplificação de processos até a implementação de tecnologias de ponta, cada passo em direção à inovação contribui para a construção de uma máquina operacional mais eficiente e ágil.

Exploramos os diversos tipos de inovação, desvendando os segredos por trás da inovação em produtos e processos. Compreendemos que a inovação não é uma fórmula única, mas um espectro de possibilidades que se desdobram de acordo com as necessidades e contextos específicos.

5.2 TRILHANDO O CAMINHO DA INOVAÇÃO

Ao nos aprofundarmos em como utilizar a inovação para criar e aprimorar produtos, percebemos que a verdadeira magia está na capacidade de atender às necessidades dos clientes de maneira única e impactante. Desbravamos o território da cocriação, onde as vozes dos clientes e a criatividade se entrelaçam para gerar soluções que vão além das expectativas.

Exploramos também como a inovação pode ser a chave para melhorar os métodos de produção e operação. Mapeamos o terreno onde a eficiência se encontra com a excelência operacional, onde cada pequeno ajuste nos processos se traduz em ganhos substanciais de produtividade.

No capítulo dedicado à redução de custos, aumento da produtividade e qualidade dos produtos, descobrimos que a inovação de processos não é apenas uma estratégia, mas uma necessidade para o crescimento sustentável. Nesse cenário, a inovação não apenas cortar custos, mas eleva a qualidade e eficiência a novos patamares.

Mas nem tudo é uma jornada tranquila no reino da inovação. Encontramos barreiras que desafiam até os navegadores mais corajosos. Desde a resistência à mudança até os orçamentos apertados, cada desafio é uma oportunidade disfarçada, esperando para ser desvendada.

5.3 NAVEGANDO PELOS MARES DA RESISTÊNCIA

Em nossa exploração das barreiras da implementação da inovação, desvendamos os segredos das resistências à mudança. Descobrimos que, mesmo nas águas turbulentas da incerteza, a comunicação transparente, a liderança inspiradora e a paciência são as âncoras que ancoram a jornada rumo à inovação.

No capítulo dedicado à resistência à mudança e ao medo do fracasso, mergulhamos nas profundezas da psicologia humana. Entendemos que a aceitação da mudança nem sempre é fácil, e o medo do desconhecido muitas vezes impede que as organizações alcancem todo o seu potencial inovador. No entanto, descobrimos que, ao abordar as preocupações emocionais, comunicar de maneira eficaz e criar uma cultura que celebra a experimentação, podemos superar essas barreiras.

Exploramos também os desafios financeiros, entendendo que implementar inovações pode ser uma jornada que exige investimentos substanciais. No entanto, ao traçar estratégias inteligentes, priorizar investimentos e explorar modelos de financiamento inovadores, as organizações podem superar as limitações dos recursos financeiros.

No capítulo dedicado à cultura organizacional resistente, penetramos nas estruturas internas que podem se tornar fortalezas ou prisões. Descobrimos que, quando enraizada em uma cultura conservadora, a inovação pode encontrar obstáculos significativos. No entanto, ao promover uma cultura que celebra a experimentação, aprendizado contínuo e aceitação do risco, as organizações podem transformar a resistência em uma força motriz para a inovação.

5.4 ERGUENDO VELAS PARA O FUTURO

Após enfrentar os mares tumultuados da resistência, trazemos nossa jornada a uma conclusão, explorando a importância de se ter uma visão de futuro. No capítulo dedicado à criação de uma visão de futuro, aprendemos que uma visão inspiradora não é apenas um destino final, mas um farol que guia cada ação rumo à inovação contínua.

Nossa odisséia culminou na exploração da antecipação às mudanças, desvendando os segredos da inovação proativa. Compreendemos que antecipar mudanças não é apenas uma habilidade estratégica, mas uma filosofia de vida organizacional. Dos sinais fracos à análise preditiva, da cultura de previsão à liderança na antecipação, cada passo nesse caminho cria uma base sólida para a inovação sustentável.

5.5 ANTECIPANDO O AMANHÃ, ADAPTAÇÃO CONTÍNUA

Ao explorar como antecipar mudanças, entendemos que essa habilidade é a lupa que nos permite enxergar o amanhã antes mesmo de amanhecer. O mapeamento de tendências, a colaboração externa e a liderança na antecipação são as bússolas que orientam nossa jornada no desconhecido.

E então, nos aprofundamos na arte da adaptação às mudanças. Compreendemos que a agilidade, a resiliência e a transformação de desafios em oportunidades são as velas que impulsionam nosso barco em direção ao horizonte em constante mudança. Navegar por essas águas exige uma mentalidade ágil, a habilidade de transformar obstáculos em trampolins e uma resiliência que nos permite não apenas sobreviver às tempestades, mas emergir mais fortes.

E, agora, aqui estamos nós, erguendo nossas velas para o futuro desconhecido. A inovação é a bússola que nos guia, a antecipação é o vento que enche nossas velas, e a adaptação é a essência que nos mantém navegando. Que esta jornada seja não apenas uma exploração intelectual, mas uma inspiração para ação, uma chamada para a criação e uma celebração da capacidade humana de moldar o amanhã.

5.6 O HORIZONTE INFINDÁVEL DA INOVAÇÃO

Neste vasto oceano de possibilidades, a inovação não é apenas uma palavra, mas uma narrativa em constante evolução. Cada capítulo, cada conceito, cada insight é uma peça do quebra-cabeça, uma nota na sinfonia da transformação.

Ao concluirmos essa jornada, não estamos apenas encerrando um livro, mas abrindo as velas para o horizonte infindável da inovação. O futuro é uma tela em branco, e cada inovação, cada adaptação, cada antecipação é uma pincelada que molda a paisagem do amanhã.

Assim, com coragem e curiosidade, avancemos para o desconhecido. Que nossas ideias sejam as estrelas que iluminam a escuridão, que nossas ações sejam as ondas que moldam as praias do amanhã. Que esta jornada não seja apenas uma exploração, mas uma celebração da inovação que pulsa em nossas veias, uma homenagem à capacidade humana de criar, evoluir e superar.

Obrigado por embarcar nessa jornada conosco. Que a chama da inovação continue a arder em seus corações, e que cada passo que você dê seja uma dança na coreografia eterna da mudança. Até nos encontrarmos novamente nas próximas páginas da inovação. A aventura continua, e o horizonte está repleto de promessas.

Bons ventos e novas descobertas em sua jornada inovadora!

SOBRE O AUTOR

Rômulo Tagliassachi é fundador da Conexão Lab, um laboratório dedicado a pesquisa, modelagem e prototipação de oportunidades e riscos futuros. Com um time multidisciplinar, que une experiências profissionais e pessoais, às visões de diferentes instituições e programas, mas sempre focados na gestão estratégica, produzindo insights aplicáveis aos negócios com DNA inovador e orientado ao futuro.

Atualmente lidera e/ou co-lidera pesquisas de futuro para pessoas e empresas que desejam ter visões e possibilidades futuras mais amplas. E assim fornecer subsídios para planejamento e implementação estratégica e de inovação, fomentando a cultura e a mentalidade futurista, de inovação alinhada ao ESG. E integra alguns times e iniciativas, com o objetivo de fomentar e gerar projetos de pesquisa focados em inovação.

 www.conexaolab.com

 contato@conexaolab.com

 /conexão_lab

 /romulobt

A PARTIR DAQUI ANOTE SEUS INSIGHTS!